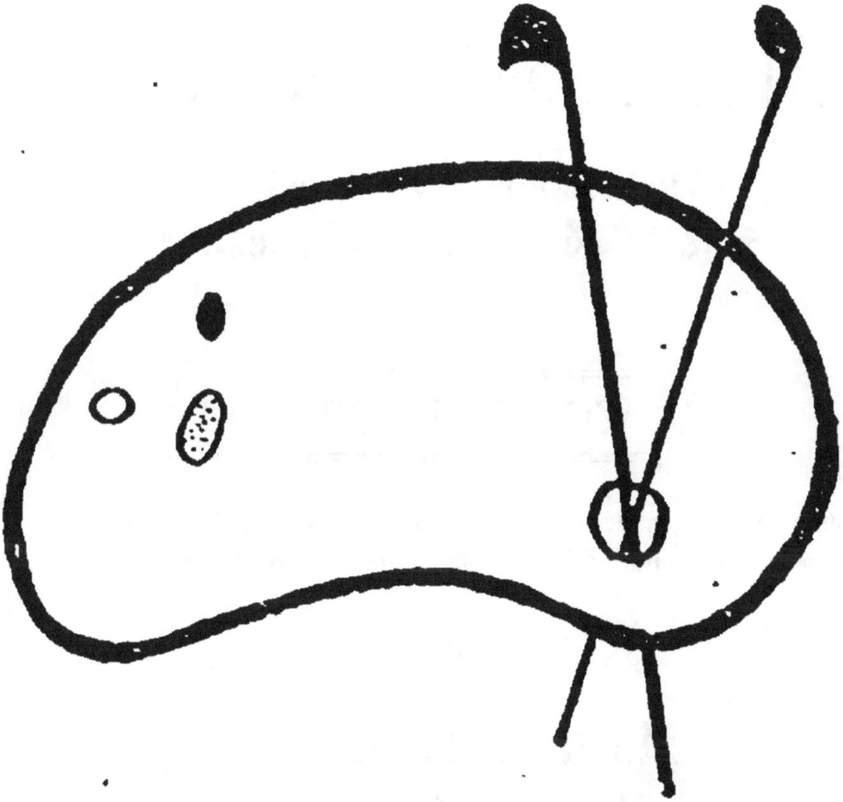

DEBUT D'UNE SERIE DE DOCUMENTS
EN COULEUR

LE PORTUGAL LIBRE PENSEUR

De la monarchie cléricale
à la république laïque

CONFÉRENCE

donnée le 9 novembre 1911, à la Maison du Peuple de Lausanne,
sous les auspices de la « Libre Pensée Internationale »

PAR

Magalhaès Lima

Sénateur de la République portugaise

Edition de la Libre Pensée Internationale

LAUSANNE, Janvier 1912

Imp. Ph. Rüedi, Lausanne

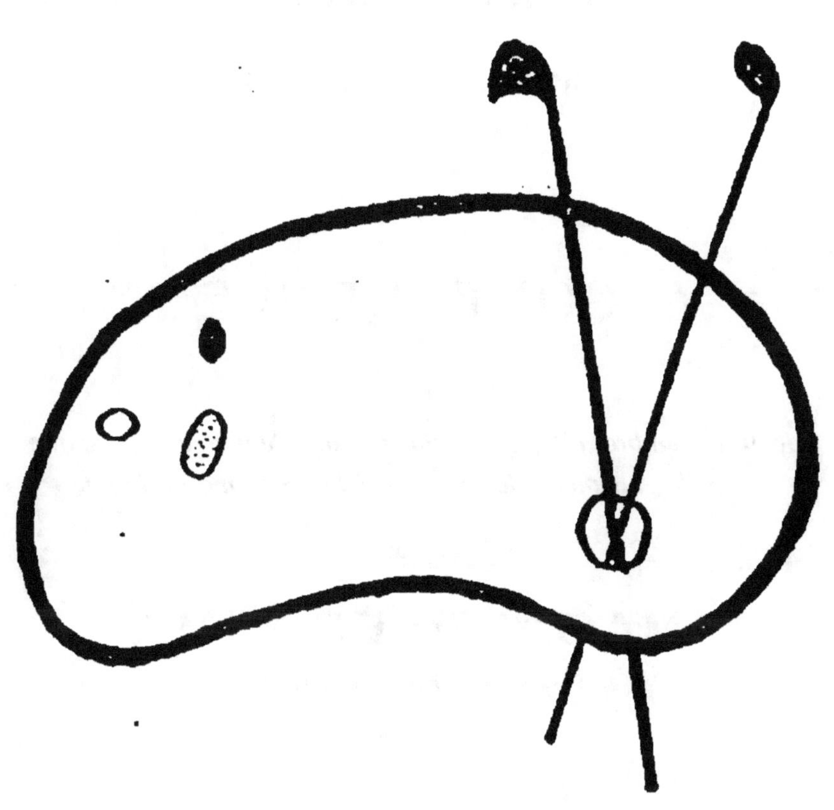

FIN D'UNE SERIE DE DOCUMENTS
EN COULEUR

Le Portugal libre penseur

De la monarchie cléricale à la république laïque

—— :: ——

CONFÉRENCE

DONNÉE

le 9 novembre 1911, à la Maison du Peuple de Lausanne,
sous les auspices de la « Libre Pensée Internationale »

PAR

MAGALHAÈS LIMA

Sénateur de la République portugaise

Edition de la Libre Pensée Internationale

—

LAUSANNE, Janvier 1912

*Aux camarades de la « Libre Pensée internatio-
nale », avec l'expression de toute ma solidarité dans
la grande œuvre qu'ils poursuivent.*

Magalhaès Lima.

Le Portugal libre penseur
De la monarchie cléricale à la république laïque

L'Idée en marche

Le Portugal est un petit pays. Mais la République portugaise est une grande République.

Et pourquoi?

Parce que son avènement a été à la fois un fait moral et mondial, digne de l'attention et de la solidarité des nations civilisées.

La République au Portugal et la Révolution en Chine sont les deux grands événements du commencement de ce siècle. C'est l'Orient et l'Occident rapprochés à travers les mers. Ce sont les peuples se donnant la main d'une extrémité à l'autre de l'Univers, fraternisant dans la même pensée, dans le même sentiment et dans la même volonté.

Réjouissons-nous. Le spectacle ne peut être ni plus beau, ni plus consolant, ni plus fortifiant. C'est la démocratie en marche. C'est la poussée révolutionnaire, universelle et irrésistible, s'affirmant partout avec la même intensité.

Au point où nous en sommes, les peuples ne doivent pas seulement échanger entre eux la fleur de leur langage et l'essence de leurs pensées. Il faut encore, et c'est là pour eux une question vitale, qui sera, je l'espère, l'œuvre de ce siècle, qu'ils échangent avec les produits de leur sol et de leur industrie, leurs pensées intimes sur le travail et sur la vie. Il faut que les différents peuples, non seulement de l'Europe, mais du monde, instituent entre eux une puissante communauté de vues, d'idées et d'espoirs, que leurs cerveaux comme leurs cœurs s'émeuvent dans une mutuelle sympathie, qui contribuera à la création d'une conscience universelle [1]).

Car, il y a des heures où la Conscience humaine prend la parole et force les gouvernements à l'écouter. Voyez l'affaire Dreyfus et l'affaire Ferrer. Pourquoi sont-elles devenues des questions internationales? Parce que c'est la Conscience humaine qui a parlé.

---

[1]) Anatole France.

Permettez-moi d'évoquer un peu le passé. A mon âge, vous le savez, on vit un peu de souvenirs.

Il y a quarante ans que j'appartiens à la République. C'était à l'époque où je commençais mes études de droit à l'Université de Coïmbre. Je suis devenu républicain pour deux motifs: pour une question de beauté et pour une question de droit et de justice. La République était pour moi ce que la nature, le rayon du soleil, l'éclat des étoiles, le parfum des fleurs sont pour l'artiste: une source de bonheur spirituel.

J'avais constaté, d'autre part, que le seul régime de droit et d'équité était de supprimer le privilège et l'hérédité. Admettre comme chef d'Etat un monsieur quelconque simplement parce qu'il est le fils, le neveu, le petit-fils d'un autre monsieur qui a régné, c'est de la stupidité; c'est rendre les hommes irresponsables; c'est renoncer à la dignité humaine.

Dans ma jeunesse, j'étais attiré par l'Idée, la grande, la généreuse Idée, celle qui enfante toutes les énergies, toutes les audaces, tous les héroïsmes, la douce fiancée, qui ne connait pas les trahisons. qui console et fait vivre; l'Idée étoile, guide, phare, qui nous conduit à la Terre promise; l'Idée, plus puissante que toutes les grandes puissances de la terre, plus forte que toutes les armées du monde, l'Idée en marche qui n'est autre chose que l'Humanité elle-même décrivant, à travers l'histoire et les siècles, sa trajectoire lumineuse, pareille à celle que décrivent les astres à travers l'immensité des espaces, obéissant à la loi de la gravitation universelle.

Athènes avec ses monuments; Rome avec ses lois; Florence avec les arts de la Renaissance; Venise avec sa boussole; Pise avec la loi du pendule; Strasbourg avec la presse; le téléphone, le télégraphe sans fil, l'automobilisme, les ballons dirigeables, les aéroplanes: voilà autant de manifestations de l'Idée, de l'Idée éclairant le monde, comme cette colossale statue de la Liberté éclairant de ses feux puissants et lointains la rade de New-York.

Heureux ceux qui, loin des chocs, des passions, des ambitions et des haines, peuvent conserver cette jeunesse spirituelle, divinisée par Petrarca, l'éternelle jeunesse, aimant la Vie et l'Univers, dans la triple manifestation de beauté, de Vérité et de Justice.

C'est cette jeunesse spirituelle, ou, plutôt, cette force morale, avec un sentiment de révolte contre toutes les violences et toutes les iniquités, qui caractérise le savant, le philosophe, le poète, l'artiste, en un mot, tous les privilégiés de l'esprit et du cœur.

Et je dois vous avouer que la Suisse, votre pays, libre entre tous, qui fut le refuge des grands exilés, a souvent été l'objet de mon rêve et a puissamment contribué par ses institutions modèles, par ses écoles, par son civisme, à la formation de mes idées.

Souvent je me suis demandé comment un petit peuple, composé de trois races différentes, ne possédant aucun fleuve navigable, parlant trois langues, sans armée permanente, sans marine, avait pu parvenir à cette harmonie et à cette cohésion qui constitue sa force et sa supériorité, comment ce petit Etat avait pu s'imposer au monde, comme une grande nation.

Les Tell en Suisse, les Washington en Amérique, les Kossuth en Hongrie, les Garibaldi et les Mazzini en Italie, les Lamartine et les Victor Hugo en France, voilà les astres qui ont ensoleillé mon existence.

C'est au cours de mes voyages dans votre pays, que je l'ai compris. C'est en escaladant vos montagnes, vos châteaux forts, citadelles invincibles, c'est en parcourant vos lacs, en visitant vos villes, en traversant vos villages que j'ai senti votre supériorité. Jamais, sur mon passage, je n'ai rencontré d'illettrés, de vagabonds, de mendiants, en un mot, d'inutiles. Chacun ici a son rôle à remplir et a la conscience de sa propre destinée. Et voilà le rêve dont je désirais ardemment voir la réalisation dans ma patrie.

*　*　*

Il n'y a que les révolutions sorties du droit qui peuvent réussir : de celles-ci, il convient de nommer celle qui a libéré la Hollande au XVIe siècle ; celle qui a renouvelé l'Angleterre au XVIIe ; celle qui organisa les colonies américaines au XVIIIe ; celles qui firent, au XIXe, l'Amérique latine, la Belgique, l'Italie et la Grèce.

L'héroïsme dans ce sens est synonyme de souveraineté morale et intellectuelle. Et c'est précisément cette souveraineté qui caractérise le dernier mouvement portugais.

Au XVe et au XVIe siècles, les Portugais ont rempli l'histoire du monde par leurs découvertes maritimes et par les exploits de leurs marins. Ceux-ci ont toujours été au Portugal les porte-drapeau de la civilisation. Ils l'ont bien prouvé encore dernièrement en s'associant aux revendications populaires par un cri émancipateur. Le héros n'était pas mort. Il avait sommeillé pendant des siècles, qui furent une époque de tyrannie royale et jésuitique. Il vient de se réveiller avec toutes les qualités de la noble race latine, avec toutes les vertus du génie latin qui fut en tout temps le flambeau de l'humanité.

Un exemple vous le prouvera.

Quand je suis ar... à Lisbonne, lors de la proclamation de la République, après une longue campagne faite à l'étranger, 1300 marins, accompagnés par la population de la ville, sont venus chez moi, me remettre le premier drapeau qui avait flotté sur le croiseur *S. Raphaël*, me disant, les larmes aux yeux: « Le voilà! Il vous appartient de droit ». On peut bien se donner la peine de se mêler à toutes les luttes, quand on a de pareilles compensations, et tout ce que l'on fait est peu vraiment en face de semblables récompenses. De même que l'on n'aime qu'une fois dans la vie, de même on ne pleure qu'une fois, et cette fois-là j'ai pleuré, je l'avoue.

Sous la monarchie, le peuple portugais était tout à fait méconnu. Et cependant c'est lui qui fut le protagoniste de la Révolution.

Ce sont les va-nu-pieds, la « canaille », qui n'avait pas de quoi manger la veille, qui furent les premiers à défendre les banques, à sauvegarder les biens des riches et à maintenir l'ordre public. Ce sont ces mêmes va-nu-pieds qui sont devenus le peuple souverain, auquel est confié la défense de la République. Quoi de plus beau, quoi de plus réconfortant que cette révolution toute pacifique, où l'on n'eut pas à déplorer la moindre effusion de sang.

❧

L'Eglise romaine

Notre révolution a été avant tout un duel formidable entre la conception sectaire et surannée du droit divin et la conception solidariste du droit humain. La religion catholique s'était transformée en politique catholique. Telle était la caractéristique du catholicisme chez nous qui prétendait nous dominer et qui, à chaque instant, nous provoquait, nous poursuivait, nous offensait, nous espionnait et nous dénonçait avec ses sbires, ses mouchards et ses méprisables bourreaux.

La question religieuse et la question politique étaient en Portugal si intimement liées qu'elles arrivaient à se confondre.

La contradiction essentielle de toute tyrannie politique, religieuse et économique est précisément dans ce fait qu'elle est obligée de traiter comme des instruments inertes des hommes qui, quels qu'ils soient, n'ont jamais pensé à descendre jusqu'à l'inertie des machines.

Qu'est-ce que le cléricalisme? — C'est l'Eglise organisée en parti politique, alors que son action devait être purement spirituelle. C'est la compagnie de Jésus ou le jésuitisme. C'est le suprême Pontife à la fois Pape et César.

L'Eglise romaine, vous savez ce qu'elle est et ce qu'elle a fait.

L'Eglise romaine, c'est le dogme qui fait de l'homme un aveugle, un esclave de la foi et qui le rend machine en lui supprimant tout son libre arbitre.

L'Eglise romaine, c'est la confession, instituée non par le Christ, mais par les prêtres, pour mieux exploiter la naïveté de la femme et se rendre compte ainsi de tout ce qui se passe dans l'intimité des familles.

L'Eglise romaine, c'est le miracle : affront à la Raison humaine.

L'Eglise romaine, c'est l'indulgence : commerce menteur et honteux.

L'Eglise romaine, c'est la femme fanatisée, suggestionnée par l'opium du serpent.

L'Eglise romaine, c'est l'enfant devenu, par l'éducation cléricale, qui lui déforme le cerveau, l'instrument du mensonge et de la superstition.

L'Eglise romaine, c'est Tartuffe qui s'introduit dans la maison de son meilleur ami pour lui dérober sa femme et son argent.

L'Eglise romaine, ce sont les couvents, véritables sépulcres de la vie.

L'Eglise romaine, c'est le célibat ecclésiastique, sorte de castration morale qui rend les prêtres des eunuques.

L'Eglise romaine, c'est la Papesse Jeanne, maîtresse d'un cardinal.

L'Eglise romaine, c'est l'inquisition, impitoyable destructrice de vies et de richesses. C'est Torquemada faisant à lui seul 114,000 victimes en Espagne.

L'Eglise romaine, c'est le Saint Office, admettant la déposition des enfants comme témoins.

L'Eglise romaine, c'est le Syllabus et l'Infaillibilité papale, la négation du progrès, de la Science et de toutes les conquêtes modernes.

L'Eglise romaine, c'est la guerre entre guelfes et gibelins qui, pendant plus d'un siècle, dévasta l'Italie en la ruinant et en la rendant impuissante à l'étranger.

L'Eglise romaine, c'est la Saint Barthélemy, dont les tristes journées endeuillèrent Paris, et où 240,000 personnes trouvèrent la mort.

L'Eglise romaine, c'est Simon de Montfort entassant dans un temple 50,000 cadavres et dont les forfaits étaient les mêmes que ceux accomplis en Angleterre par Edouard III, le prince noir, et en Espagne, par Philippe II, le diable du Midi.

L'Eglise romaine, c'est Arnaud de Amalric, le soi-disant représentant d'un dieu de paix et d'amour, disant à ses soldats : « Tuez, tuez, Dieu saura reconnaître les innocents. »

L'Eglise romaine, c'est le poison de Lucrèce Borgia et les cruautés de Catherine de Médicis.

L'Eglise romaine, c'est le poignard de Jacques Clément et de Ravaillac.

L'Eglise romaine, ce sont les Dragonnades qui, pendant de longues années, épuisèrent des provinces entières.

L'Eglise romaine, c'est Giordano Bruno, brûlé sur cette même place où se dresse aujourd'hui un monument élevé à sa mémoire, et dont l'auteur, Ferrari, est le Grand Maitre de la Maçonnerie italienne.

L'Eglise romaine, c'est Jérôme de Prague et Jean Huss brûlés vifs sur le bûcher et dont les cendres furent jetées au Rhin.

L'Eglise romaine, c'est Antonio José da Silva, auteur dramatique, portugais surnommé le Juif, que l'Inquisition fit décapiter, puis brûler, à l'âge de 33 ans (le 18 octobre 1739), ayant à lui reprocher son talent, sa richesse et la possession d'une jeune et belle femme.

L'Eglise romaine, ce sont toutes les victimes, tous les martyrs de la pensée libre : Galilée, Etienne Dolet, le Chevalier de la Barre, Vanini, Michel Servet, dont on vient d'inaugurer en grande pompe le superbe monument à Vienne.

L'Eglise romaine, c'est Ferrer, mourant debout sur les fossés de Montjuich, victime innocente et expiatoire de l'Inquisition espagnole et dont la mort a plus servi la Libre Pensée que quarante années d'école moderne.

L'Eglise romaine, en un mot, c'est le crime, c'est l'inceste, c'est la vengeance, c'est la guerre à la Science, la guerre aux hommes, c'est la mort.

Voilà où nous en étions en plein XXᵉ siècle, au Portugal. C'était cette Eglise romaine meurtrière, violente, menteuse, hypocrite, qui prétendait nous dominer.

Il importait donc de relever la société esclave, de la rendre à la Raison et à la Justice. Et c'est là précisément l'œuvre de notre révolution, car la révolution est un droit pour les peuples opprimés.

La révolution portugaise est venue à son heure, comme une nécessité imposée par la logique même des événements, afin de pacifier les esprits et de rendre de la dignité à la vie nationale.

Les monarchistes les plus modérés eux-mêmes se rendaient compte que la situation était devenue de plus en plus impossible et qu'elle ne pouvait durer longtemps. Aussi cette presque unanimité de pensée amena-t-elle une unanimité dans l'action. On n'attendait que le prétexte d'un soulèvement.

Ce prétexte fut fourni par un officier de l'armée, un fanatique et un fou, qui, s'étant introduit, sous le motif d'une consultation, à l'Hôpital des aliénés, avait assassiné le distingué directeur de l'Etablissement, le Dʳ Miguel Bombarda, le brave et ardent champion de la Libre Pensée et de la cause républicaine.

La population de Lisbonne, croyant à une vengeance cléricale, se souleva aussitôt. La révolution éclata et les monarchistes n'opposèrent pas de résistance. Le roi lui-même s'empressa de prendre la fuite, ce qui, d'ailleurs, était dans les mœurs de la famille et n'a rien d'extraordinaire, puisqu'un de ses aïeux, Don Jean VI, lors d'une invasion étrangère, s'était embarqué pour le Brésil.

L'œuvre de la République

La République est donc arrivée à l'heure propice, en délivrant le pays de ses ennemis et en ouvrant une ère de concorde et de pacification. C'était dans l'ordre naturel des choses.

Pour le peuple portugais, la République signifie la libération de son esprit et l'émancipation de sa conscience. Il avait deux ennemis à conjurer : la monarchie et le cléricalisme, le trône et l'autel.

Vous savez ce qu'était le roi Carlos. Son despotisme et ses abus avaient révolté tous les vrais patriotes. En payant ses crimes de son propre sang, il a été un exemple qu'on ne tyrannise pas impunément les peuples. Shakespeare l'a dit : *Blood will have blood (Le sang appelle le sang)*. L'attentat du 1er février 1908 ne fut que la conséquence logique de l'indignation populaire. Ce jour-là, la monarchie et la dynastie de Bragance furent touchées à mort.

La débâcle avait commencé au temps du roi Louis, son père.

Je me rappelle qu'au cours d'une élection qui avait eu lieu à l'île de Madère, où se présentait comme candidat le président actuel de la République, sept électeurs avaient été tués, parce qu'ils étaient indiqués comme des leaders républicains. Ne pouvant contenir mon indignation, je fis paraître dans mon journal, en matière de revanche, un article intitulé : *Bandits célèbres*. Je commençais ainsi : « Sept Portugais viennent d'être tués par ordre du roi... » Et je terminais : « Je ne peux pas me battre avec les laquais de V. M. Mais si S. M. a dans les veines le sang chaud de ses aïeux, qu'elle descende à la rue et elle y trouvera un adversaire. »

Ces lignes me valurent la prison et je n'en fus pas autrement étonné. Mais la vie de sept de mes compatriotes valait bien ce sacrifice de ma part.

La monarchie vécut encore deux ans après l'attentat du 1er février. Mais son impuissance était devenue totalement manifeste.

Elle a commencé par expulser les Jésuites et par chasser toutes les congrégations religieuses. Des lois, prévoyant ces mesures, existaient déjà, il est vrai. Mais aucun gouvernement n'avait osé les appliquer, soit par crainte de représailles, soit qu'il ait été plus ou moins l'allié du cléricalisme. C'était au gouvernement de la République que devait incomber le soin de faire respecter les lois et triompher la justice.

Le gouvernement provisoire, par l'initiative de son vaillant ministre de la justice, le Dr Affonso Costa, le grand homme d'État bien connu, a promulgué la loi de la famille, la loi du divorce, la loi de la séparation des Églises et de l'État. Cette loi de la séparation, à elle seule, vaut autant que la révolution elle-même : elle est une garantie de la République.

Elle a été accueillie avec des acclamations unanimes. Elle est le triomphe de la Raison humaine, la victoire définitive de la démocratie.

Voici les grandes lignes de cette loi :

« Entière liberté est, à partir de la promulgation de la séparation, accordée à toutes les religions.

La religion catholique cesse d'être religion d'État.

En conséquence, toutes les Eglises doivent être soutenues par les offrandes des fidèles. Leur comptabilité restera cependant sous la surveillance de l'Etat.

A tous les prêtres qui se sont trouvés le 1ᵉʳ juillet titulaires d'une cure, le gouvernement assure une allocation annuelle dont le montant est fixé par des commissions spéciales.

Les églises et les autres édifices nécessaires au culte sont gratuitement prêtés par l'Etat au clergé, dont tous les membres, Portugais et étrangers, continuent leurs fonctions.

En ce qui concerne les nouvelles nominations, l'assentiment du gouvernement portugais doit être d'abord obtenu.

L'Etat, ne reconnaissant pas la religion catholique, ne s'oppose pas au mariage des prêtres. »

Il n'y a eu contre cette loi qu'un simulacre de résistance et qui encore ne venait que de la part du haut clergé. De même que l'argent, le mot d'ordre est venu de Rome, c'est à Rome que se cache l'ennemi.

Permettez-moi de vous citer ici un exemple qui vous prouvera tout à la fois la haute clémence de notre gouvernement et la perversité du haut clergé.

La Curie romaine avait précisément choisi comme devant être le chef de l'insurrection un des évêques qui jouissait le plus des sympathies chez nous, l'évêque de Porto, connu par ses missions en Afrique. Sur mandat du gouvernement provisoire, le ministre de la justice lui a tenu ce langage : « Vous, serviteur de l'Etat, vous avez manqué au respect de la loi. Vous serez donc puni, comme tout fonctionnaire qui enfreint son devoir. Toutefois, comme vous avez certains mérites, que vous avez rendu des services au pays, et pour vous prouver que nous ne sommes pas guidés uniquement par un sentiment de haine et de vengeance, nous vous offrons une compensation. A partir d'aujourd'hui, vous n'exercerez plus votre sacerdoce, mais vous toucherez quand même une mensualité de 500 francs. »

En somme, la résistance s'est réduite à ce seul geste. La plupart des prêtres ont accepté la pension et se sont soumis.

Il faut d'ailleurs dire que Lisbonne est peut-être la ville la plus libre penseuse de l'Europe, et le peuple ne permettra jamais que l'on touche à cette loi. C'était même une mesure d'ordre public et par laquelle il fallait absolument commencer, la question politique en Portugal primant toutes les autres.

Le mouvement laïque et libre penseur

Le Portugal qui, en réalité, n'était pas un pays catholique au vrai sens du mot et où la religion romaine ne vivait, depuis huit siècles, que par la force des armes à l'égard des intellectuels et grâce à l'action fanatisante et abrutissante du clergé sur le reste de la population, et qui avait eu aussi sa St-Barthélemy (le massacre des néo-chrétiens — juifs convertis par la force — le 19 avril 1506), se trouvait engagé depuis longtemps dans une ardente campagne anticléricale.

Ce mouvement émancipateur s'est accru depuis 1886 et depuis il n'a fait qu'augmenter en intensité, grâce à la propagande active et incessante d'apôtres dévoués. C'est durant l'année 1908 que cette guerre au fanatisme et à l'intolérance religieuse a acquis chez nous les plus grandes proportions et l'on peut affirmer hautement que cette année a marqué le triomphe moral de la Libre Pensée en Portugal.

* * *

C'est en 1908 qu'a eu lieu à Lisbonne le premier congrès national de la Libre Pensée, du 19 au 26 avril. A ce congrès avaient pris part 392 délégués des deux sexes, représentant 95 associations, 22 journaux et 37 groupes de libres penseurs. Les huit thèses suivantes ont été discutées : 1º L'Eglise et l'Etat ; 2º Institutions familiales ; 3º Droits politiques et civils ; 4º Instruction publique ; 5º Assistance publique ; 6º Féminisme ; 7º Militarisme ; 8º Impôts. Comme l'on voit, le congrès a abordé et discuté les questions les plus palpitantes de l'actualité.

Le congrès de Lisbonne a voté la constitution d'une fédération nationale de la Libre Pensée, formée de tous les groupes de libres penseurs, ainsi que des associations politiques, ayant à sa tête un conseil fédéral de 15 membres. Ce comité est divisé en trois sections : le comité exécutif, le comité de propagande et le comité administratif.

Un autre congrès a eu lieu à Lisbonne, en 1910, quelques jours après la proclamation de la République, pour célébrer le premier anniversaire de la mort de Ferrer. Cette séance fut présidée par Théophile Braga, alors chef du gouvernement, et fut une nouvelle preuve évidente de la grande force dont dispose la Libre Pensée en Portugal.

Un des actes les plus importants de notre République a été aussi la création du Registre civil, dont je crois devoir vous dire quelques mots, ainsi que de « l'Association du registre civil ».

Comme son titre l'indique, le but du registre civil est de promouvoir l'enregistrement civil des naissances, des mariages et des décès. L'Association du registre civil a été fondée par un groupe de libres penseurs, le 5 août 1895. Elle est née de la propagande de la libre pensée. Son objectif est de soustraire l'humanité à l'influence dominatrice et aux préjugés des religions. Jusqu'à présent, elle a mis en œuvre tous les moyens à sa portée : conférences scientifiques et physiologiques, séances publiques de propagande, d'opuscules, mise à la disposition du public des enregistrements civils gratis, octroi de susbsides aux enfants enregistrés civilement,etc., etc. De puis cette année même fonctionne un bureau de consultations gratuites et une école laïque a été ouverte pour les associés et leurs enfants. L'Association a aujourd'hui de profondes racines, elle est entrée dans les mœurs et fait partie de la vie même de la nation ; elle représente une force réelle d'opposition pacifique contre la réaction cléricale déchainée. Elle compte aujourd'hui environ 6,000 associés. L'œuvre accomplie est énorme et l'on peut dire que l'avenir appartient à ce mouvement sécularíste.

La création de ces associations laïques, qui sont aujourd'hui nombreuses dans le pays, se faisait d'autant plus impérieusement sentir que la situation allait chaque jour s'aggravant tant à l'intérieur qu'à l'extérieur. Fait navrant et pourtant caractéristique, on comptait sous la monarchie 69 %. d'illettrés, proportion considérable pour un pays qui compte environ six millions d'habitants. La misère marchant ordinairement de pair avec l'ignorance, il en résultait fatalement que le pays se divisait en deux catégories, les asservis, au service des prévilégiés, et les exploités, au service des exploiteurs. La libre pensée et la démocratie ont eu un vaste champ d'action en opérant cette démarcation des classes qui était un obstacle permanent à la civilisation et en travaillant à leur émancipation économique [1]).

* *

Le Conseil fédéral, élu par le deuxième congrès en 1910, et qui continue sous la présidence honoraire de Théophile Braga, et effective

---

[1]) Rapport présenté au Congrès de Bruxelles par le délégué portugais.

de Magalhaès Lima, s'est voué, d'accord avec l'Association du Registre Civil, à la propagande dans les provinces, dans le but de porter la parole de la Libre Pensée aux plus petits coins du pays, et d'y rendre unanime l'acceptation et l'exécution des lois émancipatrices de la conscience nationale que nous devons à notre jeune République libératrice.

Grâce à son activité, le Conseil compte déjà des comités locaux à Figueira da Foz, Sacavem, Camarate, Linda-a-Velha, Carnaxide, Dafundo, Benavente, Samora-Correia, Porto, Alhandra, Villa-Franca-de-Xira, Aldegallega, Barreiro, Oeiras, Porto-Salvo, Lisbonne, Moita, Sobral-do-Mont'Agraço, Carrazeda-de-Anciaes, Montemór-o-Novo et St-Thiago-d'Escoural. De son côté, l'Association du Registre Civil a des filiales à Leiria et à Entroncamento ; des sections à Caldas da Rainha, Alemquer, Ribaldeira, Barcarena, Torres-Vedras, Vendas-Novas, Agualva, Queluz, Bellas, Evora, Estremoz et Beja ; et des délégations à Dabeja, Sabugo, Almargem, Batalha et Vieira. Outre ces quarante groupes sous l'action directe de ces deux grandes collectivités, il faut compter encore cin-quante-six associations de libres penseurs fédérées et qui rendent à la Libre Pensée de grands services. Les cercles républicains et socialistes répandus dans tous le pays, dont la plupart desquels maintiennent des écoles, aident aussi puissamment et avec un dévouement au dessus de tout éloge à notre propagande, qui compte aussi, pour aider les deux présidents déjà cités, sur de vrais apôtres qui ne s'épargnent nul effort et nul sacrifice, et parmi lesquels nous citerons M. Gonçalves Neves, membre de la commission exécutive du Conseil fédéral et président de la direction de l'Association du Registre Civil ; M. le Dr Adelino Fur-tado, deuxième secrétaire du bureau du Conseil fédéral et vice-président de la susdite direction ; M. Augusto-José Vieira, premier secrétaire du Conseil fédéral et président de la commission de propagande de l'Asso-ciation ; M. le général Constantino de Brito, président de la commission exécutive du Conseil ; MM. les sénateurs Sebastião Peres Rodrigues et Ladislau Piçarra, les députés Fernão Botto Machado, Sá Pereira et Alfredo Ladeira, le colonel João Maria Lopes, le Dr Moraes Manchego, Raul Pires, José-Victorino Damasio Ribeiro, Carlos d'Almeida e Vascon-cellos, Wenceslau Diniz d'Araujo, Salvador Sabola et Bastos Flavio, tous membres de la même commission de propagande. A citer aussi avec le plus grand éloge Mmes Alice Ribeiro, Maria-Clara Correia Alves et Maria Velleda qui, par leur éloquence et par leur travail tenace et dévoué, ont rendu de remarquables services.

On peut sans doute espérer que, l'année où les libres penseurs du monde entier feront à notre pays l'honneur de choisir Lisbonne pour leur Congrès International, les délégués qui visiteront notre capitale emporteront dans leur pays les meilleures impressions sur le mouvement et sur la force de la Libre Pensée en Portugal.

*　*　*

Quant à la situation financière du Portugal, il suffira d'indiquer sans aucun commentaire deux faits : en 1907, c'est-à-dire au déclin de la monarchie, la dette nationale était de 5 milliards ; le budget des dépenses s'élevait à 450 millions. D'où il résultait que le peuple portugais était en Europe le plus accablé de dettes et d'impôts.

On ne peut se figurer le désordre et l'anarchie qui régnaient dans les finances. C'était une sorte de vol à main armée. Le roi Carlos, non content de la pension civile qui lui était servie par le trésor public de 6.000 francs par jour, avait trouvé encore le moyen de recourir au fameux système des avances qui fut, comme vous le savez, le grand scandale de la monarchie. Il ne fut pas le 'seul, hélas ! à dilapider ainsi l'argent des contribuables: la reine Maria Pia, la reine Amélie, les deux princes, le frère du roi, enfin tous, dans cette famille royale, engloutissaient les plus claires ressources du pays. Ce n'était plus une famille: c'était un véritable gouffre. Alors que dans les autres foyers la venue d'un enfant est d'ordinaire une charge nouvelle, ici, la venue d'un prince était un moyen d'arracher des subsides nouveaux à la nation : c'était en quelque sorte pour le roi un bénéfice. A ce point de vue, le régime républicain est dans la morale et dans la raison. Il ne tolère pas de parasites. Plus de privilèges dus à l'hérédité. Seuls, ceux qui travaillent ont droit à la récompense.

La République n'aurait-elle été proclamée que pour instruire et pour éduquer le peuple, qu'elle eût déjà rendu un grand service à la nation. On conçoit donc, après tout ce que je viens de vous dire, ce qu'il faut de civisme et de véritable courage aux hommes d'élite qui guident aujourd'hui le peuple portugais pour racheter les crimes du passé et pour suivre leur mouvement libérateur.

*　*　*

Un an de république nous a prouvé que c'était là le régime désiré par tout le pays. Notre Constitution est une des plus avancées. Nous avons adopté le système parlementaire un peu comme en France.

Nous aurions préféré la démocratie directe, avec le *referendum*, comme vous l'avez en Suisse. Mais je dois avouer que notre peuple portugais n'était pas assez avancé pour cela. Il était nécessaire que nous passions par un état transitoire. Je me rappelle à ce propos les paroles de Castelar qui me disait un jour que la chute de la République espagnole, au moment du coup d'Etat de Paris, n'était due qu'au fait de n'avoir pas eu un président élu. On a bien songé au début à adopter votre système qui consistait à réunir sur la même tête les fonctions de chef de gouvernement avec celle de chef d'Etat et, en fait, on l'a même appliqué dans le gouvernement provisoire avec Théophile Braga. Mais dans un pays qui sort d'une révolution, qui n'est, peut-être, pas encore complètement assis sur ses bases, c'eût été s'exposer, en cas de crise ministérielle, à une crise présidentielle.

La République est surtout destinée à assurer la suprématie du pouvoir civil, à l'exclusion de tout autre pouvoir. Son but a été principalement de combattre le cléricalisme qui était organisé en véritable parti politique, qui manœuvrait dans l'ombre et dont le roi avait toujours été un instrument aveugle. Il n'y avait pas, au Portugal, un seul acte de politique dans lequel on n'eût découvert l'intervention du parti clérical. Le juge spécial d'instruction criminelle, le parlement, les ministres, les camarillas du palais, tout cela ne contituait que de simples instruments entre les mains de la bande néfaste qui régnait partout, foulant tout aux pieds, envenimant les meilleures intentions, cherchant à ramener le pays aux temps les plus odieux du despotisme, pour asservir les consciences. Il n'y avait pas d'infamie, de vilenie politique, de scandale, dans lesquels n'apparût la main de ce Yago de malheur.

La monarchie a dû prendre la fuite comme un criminel dévoré par le remords. L'iniquité est impuissante contre la justice ; le mensonge ne peut rien contre la vérité ; la raison prévaut toujours à travers tout et contre tout et contre tous.

La Révolution portugaise ne fut en somme que l'apothéose d'une race qui, dans une lutte homérique, s'émancipa des vieux préjugés, en éliminant pour toujours l'origine du mal.

L'ancien héros portugais est né une seconde fois avec la révolution. C'est un Portugal nouveau, fécond, le Portugal des écoles, des ateliers, des champs, le Portugal laïque et libre penseur, qui s'affirme, qui se lève, fier et souverain, sur les ruines du vieux régime réactionnaire, inquisitorial et vaticanesque.

L'esprit laïque et l'esprit libre penseur

En parlant du Portugal laïque et libre penseur, il convient d'établir une distinction entre l'esprit laïque et l'esprit rationaliste, de même qu'il convient d'établir une distinction entre anticléricalisme et libre pensée.

Etre laïque, selon les belles paroles de Lavisse, ce n'est pas limiter à l'horizon visible la pensée humaine, ni interdire à l'homme le rêve et la perpétuelle recherche de Dieu, c'est revendiquer pour la vie présente l'effort du devoir.

Ce n'est pas vouloir violenter, ce n'est pas mépriser les consciences encore détenues dans le charme des vieilles croyances, c'est refuser aux religions qui passent le droit de gouverner l'humanité qui dure.

Ce n'est point haïr telle ou telle Eglise ou toutes les Eglises ensemble, c'est combattre l'esprit de haine qui souffle des religions et qui fut cause de tant de violences, de tueries et de ruines.

Etre laïque, c'est ne point consentir la soumission de la raison au dogme immuable, ni l'abdication de l'esprit humain devant l'incompréhensible ; c'est ne prendre son parti d'aucune ignorance.

C'est croire que la vie vaut la peine d'être vécue : aimer cette vie, refuser la définition de la terre « Vallée de larmes », ne pas admettre que les larmes soient nécessaires et bienfaisantes, ni que la souffrance soit providentielle ; c'est ne prendre son parti d'aucune misère.

Ce n'est point s'en remettre à un juge siégeant par delà la vie du soin de rassasier ceux qui ont faim, de donner à boire à ceux qui ont soif, de réparer les injustices et de consoler ceux qui pleurent : c'est livrer bataille au mal au nom de la justice.

Le rationalisme accepte la neutralité en matière religieuse, comme le système laïque. Mais il se fait une conception supérieure, philosophique, de toute les notions sociales, telles que celles de famille, de patrie et d'humanité, leur donnant un critérium libérateur et émancipateur.

L'anticléricalisme diffère de la libre pensée en ce qu'il n'a surtout qu'un seul but, celui de combattre le cléricalisme, tandis que la libre pensée, d'après la définition de notre ami Ferdinand Buisson, « n'est pas une doctrine, mais une méthode ; elle ne dépend pas de ce qu'on affirme ou de ce que l'on nie, mais uniquement de la manière dont on affirme ou dont ont nie. La Libre Pensée n'impose ni n'exclut aucune opinion, aucun système ; elle exige que chacun prenne l'engagement de former ses convictions, après examen personnel, d'après sa conscience et sa raison. Celui qui a pris et tenu cet engagement est libre penseur, quelles que soient les conclusions auxquelles il arrive. Théisme ou athéisme, spiritualisme ou matérialisme, dualisme ou monisme ont également droit de cité dans la libre pensée. Il faut que l'on puisse, suivant le mot de Séailles, croire en Dieu sans être traité d'imbécile, ou s'appeler athée sans passer pour un scélérat. »

L'anticlérical peut être un sectaire, ce qui ne doit pas arriver au libre penseur. Tandis que l'anticlérical professe une doctrine, hors de laquelle il n'y a pas de salut, le libre penseur ne fait que suivre une idée ou un raisonnement.

Il ne veut pas remplacer un dogme par un autre dogme, ni une religion par une autre religion. Ce qu'il veut, ce qu'il cherche, c'est libérer les esprits et émanciper les consciences. Et c'est sur cette base que nous, libres penseurs portugais, nous nous sommes appuyés pour faire une révolution qui nous a conduits à un régime nouveau de Droit, de Morale et de Justice.

Le but de la Libre Pensée est la recherche de la Vérité par la Science, la conquête de la liberté par le droit, de l'Egalité par la Justice, de l'harmonie sociale par la fraternité. En d'autres termes, la Libre Pensée est à la fois une méthode politique, morale et économique, car il serait illogique de proclamer l'émancipation politique et de ne pas proclamer en même temps l'émancipation morale et économique.

La Libre Pensée est une œuvre internationale en ce sens qu'elle représente une œuvre de justice et d'émancipation. A l'émancipation de l'individu correspond logiquement l'émancipation de la famille ; à l'émancipation de la famille, l'émancipation de la société ; à l'émancipation de la société, l'émancipation des peuples ; à l'émancipation des peuples, l'émancipation de l'humanité. Dans ces termes se concrétisent et se résument toutes les aspirations, toutes les tendances de notre temps.

Solidarité internationale

La Révolution portugaise na pas été le fait exclusif d'un pays. Il n'y a pas de faits isolés. Tout événement politique revêt, en effet, un caractère international. Notre révolution a intéressé tous les pays et tous les peuples ; sa répercussion a été mondiale. C'est pourquoi, loin de la commotion, du frémissement, qui ont agité dans ces derniers jours notre patrie, à l'occasion de la célébration du 1ᵉʳ anniversaire de la République, j'ai compris la nécessité de venir ici, afin de prouver que tous, ici comme là-bas, nous vivons dans la même parfaite union, dans une véritable communion spirituelle, dans la même unification de pensée, de sentiment et de volonté — la pensée d'une Morale nouvelle, d'une Justice nouvelle, d'une Patrie nouvelle ; le sentiment de la solidarité nationale et internationale, la volonté ferme et indomptable de vivre, de progresser, de prospérer.

Nous ne saluerons jamais trop, notre glorieux drapeau vert et rouge qui nous servit de symbole et fut notre point de ralliement, durant les longs moments d'une cruelle adversité. Le vert ne fut-il pas toujours le signe de l'espoir ? Il est la couleur de la vie qui synthétise toute notre histoire et rappelle, à travers les siècles, les actions d'éclat de nos héroïques marins. Dans le passé, comme ils le sont encore dans le présent, les marins furent toujours à l'avant-garde, toujours les premiers à lutter pour la liberté et pour la patrie. Quant au rouge, il signifie la force, le travail, la production, la fécondité et aussi la revendication. Et la révolution ne fut autre chose qu'une revendication de nos gloires, l'affirmation de toute une tradition compromise par la monarchie et, pour tout dire, enfin, la continuation de notre histoire.

• • •

Il y a un an, je me trouvais à Paris où j'étais allé annoncer la révolution prochaine, non pas en prophète, mais en homme politique. La politique moderne n'est plus faite d'abstractions : elle est devenue une science. Tout homme politique doit prévoir les événements comme l'astronome prévoit les phénomènes astronomiques, comme le naturaliste prévoit les phénomènes biologiques.

C'est avec la même foi, avec la même certitude, sans la moindre crainte d'être démenti, car je connais mon pays, que je viens vous affirmer que la République est non seulement faite, mais encore qu'elle est consolidée. Nous prouverons, qu'ayant été des conspirateurs, nous savons, au besoin, être des hommes de gouvernement.

L'idée républicaine a même tellement fait de progrès dans l'esprit public que je ne crains pas d'affirmer qu'une restauration ne serait possible qu'à la condition de supprimer la nation portugaise toute entière. Si même, contrairement à toute vraisemblance, la République, demain, se trouvait en danger, j'ai la conviction profonde, absolue, que tous les républicains, sans distinction d'aucune sorte, que tous les démocrates, s'inspirant de leur devoir civique, la défendraient avec le dernier courage et avec la dernière énergie.

Voilà pourquoi je pense que la République est immortelle au Portugal, de même que le principe qu'elle représente.

Quant à moi, il vous est facile de comprendre quelles ont été ma joie et ma fierté d'avoir assisté de mon vivant, à la réalisation d'un idéal poursuivi pendant plus de quarante ans, au prix de luttes incessantes et acharnées. C'est la compensation la plus grande que puisse obtenir un apôtre: compensation bien supérieure à toutes les distinctions honorifiques, aux charges et aux postes les plus enviés. J'ai enfin une patrie, car il ne saurait y avoir de patrie là où il n'y a ni justice, ni liberté. Pour aimer la liberté, il faut avoir souffert pour elle. Seuls, les égoïstes parlent de leurs sacrifices. Nous, les républicains, qui fûmes de véritables exilés sous l'ancien régime et qui avons fait preuve de la plus grande abnégation, nous nous trouvons, devant le résultat obtenu, largement récompensés de tous les efforts que nous avons fournis en faveur de la liberté, car on n'est jamais trop avancé au point de vue des principes, de même que l'on n'a jamais assez d'abnégation, quand il s'agit de servir une cause.

* * *

On se demande souvent pourquoi nous avons fait la révolution, quel a été son objectif.

S'il est opportun d'établir un contraste entre le passé et le présent, c'est bien aujourd'hui.

Sous l'ancien régime, on ne vivait plus en Portugal; on se sentait mourir lentement. Les Portugais étaient divisés par la haine la plus féroce, la haine cléricale. L'attentat du 1ᵉʳ février 1908 ne fut que la conséquence logique de l'indignation populaire. Ce jour-là, la monarchie et la dynastie de Bragance étaient touchées à mort. La monarchie vécut encore deux ans. Mais son impuissance était devenue manifeste.

Pour se faire une idée de la mentalité du dernier roi, Manuel, pour juger de la grandeur de son patriotisme, il suffit de nous en rapporter aux révélations qui furent faites récemment dans le journal *O Mundo*, par le grand savant Theophilo Braga, l'ancien chef du gouvernement provisoire et dont l'autorité ne peut être suspectée en la matière.

D'après lui, le roi Manuel aurait écrit au mois de septembre, un mois avant la proclamation de la République, une lettre à l'Empereur d'Allemagne pour lui demander, en cas de révolution, son intervention et sa protection, sous la forme très caractéristique et très énergique de l'envoi de deux ou trois cuirassés dans les eaux du Tage. En échange de ses bons services, le roi Manuel promettait tout simplement la colonie portugaise d'Angola.

Ce n'est pas tout. La reine Amélie, par l'intermédiaire des jésuites, aurait alors, d'autre part, sollicité l'intervention de l'Espagne à laquelle elle demandait l'envoi d'un corps d'armée complet.

Je puis même vous affirmer, en outre, que dernièrement encore, la reine a fait des démarches auprès de certaines puissances, pour obtenir un appui effectif en faveur d'une contre-révolution. Des gens au service du roi ont cherché à Paris à contracter un grand emprunt garanti par des têtes couronnées. Ce qu'on veut à tout prix, c'est renverser la jeune République. Et comme il est impossible de renouveler de nos jours la Sainte Alliance, on prétend l'annihiler par l'argent, ce qui est le plus honteux des procédés.

Mais cela n'arrivera pas. Un coup porté à la République serait un coup porté à la liberté dans le monde. Et nous sommes là pour la défendre et pour la garantir au prix de nos vies, s'il le faut.

La République est forte et consolidée. Je le répète et l'affirme à nouveau. Les troubles, les bagarres, dont les journaux se font, de temps en temps, les échos, ne sont que la conséquence d'intérêts personnels blessés. Il n'y a pas de conspirateurs, il n'y a que des exploiteurs mécontents et, si j'ose dire, exploités. Ceux-ci d'ailleurs savent très bien qu'ils ne peuvent rien faire, qu'une restauration est matériellement impossible dans les conditions où se trouve actuellement le pays. Leur but évidemment est de faire naître des désordres, de créer des obstacles à la marche régulière de la République et de donner satisfaction à ceux qui leur ont envoyé de l'argent. Ce qu'ils cherchent au fond, c'est peut-être la guerre civile, qui amènerait l'intervention étrangère. Il n'en faut pas plus pour jeter l'alarme. Ce fait à lui seul dénoterait suffisamment le degré de leur patriotisme. Ce qui tendrait d'ailleurs à prouver que l'on se trouve en présence d'une simple machination, c'est cette lettre parvenue entre les mains du ministre de l'Intérieur, lue à une séance de l'Assemblée nationale constituante, lettre très significative et dans laquelle son auteur, le capitaine Paiva Concelro, soi-disant chef des conspirateurs, écrivait à un de ses amis: « ... qu'il était nécessaire d'agiter, de troubler autant que possible, afin de faire croire à l'étranger que la vie du pays était compromise avec la République. »

Assurément il eût été bien préférable qu'il fit lui-même avec ses agitateurs une incursion dans le pays. De cette façon, sa tentative eût échoué plus rapidement et aujourd'hui ces ridicules conspirateurs seraient définitivement liquidés, car ce qu'il faut à tout prix c'est d'en finir avec un tel état de choses. Il suffit de connaître territorialement et politiquement le pays pour être convaincu de l'inanité et de l'impossibilité de toute tentative de révolution.

Quant à la prétendue rivalité qui existerait entre Lisbonne et Porto, rivalité dont on a maintes fois parlé, si à la rigueur elle était possible sous la monarchie alors qu'il ne s'agissait que d'intérêts personnels, elle ne l'est plus aujourd'hui, car il n'y a plus qu'un intérêt au jeu : l'intérêt national. Les républicains sont en effet tous unis devant le péril commun. D'ailleurs, Porto a une noble tradition libérale. Cette ville a prouvé son attachement à la République, même avant Lisbonne, puisque, le 31 janvier 1891, un mouvement républicain s'y dessinait déjà en matière de protestation contre les abus, les tripotages et les crimes du gouvernement monarchique. Tout se borne aux menées d'une infime minorité cléricale qui tente de soulever quelques difficultés à la faveur desquelles elle espère pouvoir un jour opérer une rentrée personnelle. Mais nul n'en sera dupe. Chacun sait, en effet, que l'harmonie est complète entre les républicains de Lisbonne et ceux de Porto.

Il ne me paraît pas opportun de vous rapporter ici en détail les mille péripéties qui se sont déroulées dans certaines petites localités. Ce sont des faits exagérés qu'on a fait circuler à bon escient, afin de faire croire que le Portugal était en ébullition. La réclame menée autour de ces villages en avait fait de grandes villes à l'étranger.

Le pays vient de célébrer le premier anniversaire de la proclamation de la République avec un enthousiasme sans pareil. Les quelques mauvaises nouvelles qui nous sont parvenues témoignent une fois de plus que les monarchistes ont voulu ternir de leurs tentatives criminelles l'éclat de nos fêtes. Cela a été à leur actif un échec de plus et leur machination a eu le sort des précédentes. Ils avaient d'ailleurs agi de la même façon à l'occasion de la proclamation officielle de la République au Parlement, en juin dernier, et lors de la récente élection présidentielle du mois d'août. Mais le gouvernement en   ge leurs agissements comme si peu dangereux qu'il n'a pas cru devoir prendre les mesures extrêmes.

La République a fait une œuvre qui est déjà forte et énorme. Elle a réalisé en quelques mois ce que d'autres républiques ont fait en plusieurs années. Elle sera, je l'espère, dans quelque temps, une des plus avancées de l'Europe, et s'imposera par son ordre, sa justice, son économie, comme un régime modèle à l'admiration et au respect de tous.

L'œuvre du gouvernement provisoire, œuvre nationale, peut se résumer en cette phrase : affirmation du pouvoir civil comme étant la base de la seule véritable démocratie. La conscience portugaise émancipée, nous n'avons rien à redouter, car c'est dans la conscience du pays que nous puisons notre force. C'est la Révolution faite Histoire, Lumière, Justice.

Quant à moi, si j'ai toujours défendu loyalement la République, c'est par amour pour mon pays. Je n'ai d'autre ambition que celle qui m'est dictée par ma conscience, ambition d'être sincère et de vous parler en toute vérité. Mon passé est là qui garantit mes paroles.

Et maintenant je ne puis mieux faire en terminant que de vous rappeler *les nobles* paroles d'un grand libre penseur, Anatole France :

« Les patries doivent entrer, non pas mortes, mais vivantes, dans la Fédération universelle. C'est par la vertu des peuples, fidèles à leur génie, respectueux des autres peuples, respectueux d'eux-mêmes, que se réalisera un jour le rêve du vieux prophète d'Israël : la maison d'Ihaveh sera établie sur le sommet des montagnes et s'élèvera au-dessus des collines. Alors toutes les nations s'y rendront ; les peuples innombrables la visiteront, disant : « Montons à la montagne d'Ihaveh, afin qu'il nous enseigne ses voies et que nous marchions dans ses sentiers ». Jhaveh jugera entre les nations. Il jugera entre les peuples innombrables. De leurs épées ils forgeront des hoyaux et de leurs lances, des faucilles ».

Ce jour, quand il se lèvera, qu'il trouve le Portugal n'ayant perdu ni son nom, ni le souvenir de lui-même, ni sa puissance, ni son génie. Qu'il le trouve debout, le front ceint de la couronne d'olivier, armé et vêtu de justice et d'intelligence, fier d'être un bon ouvrier, et jaloux seulement de n'être pas devancé, sur les cimes radieuses de la concorde et de la paix.

Au nom de la solidarité humaine :

Vive la République Portugaise !

Magalhaès LIMA

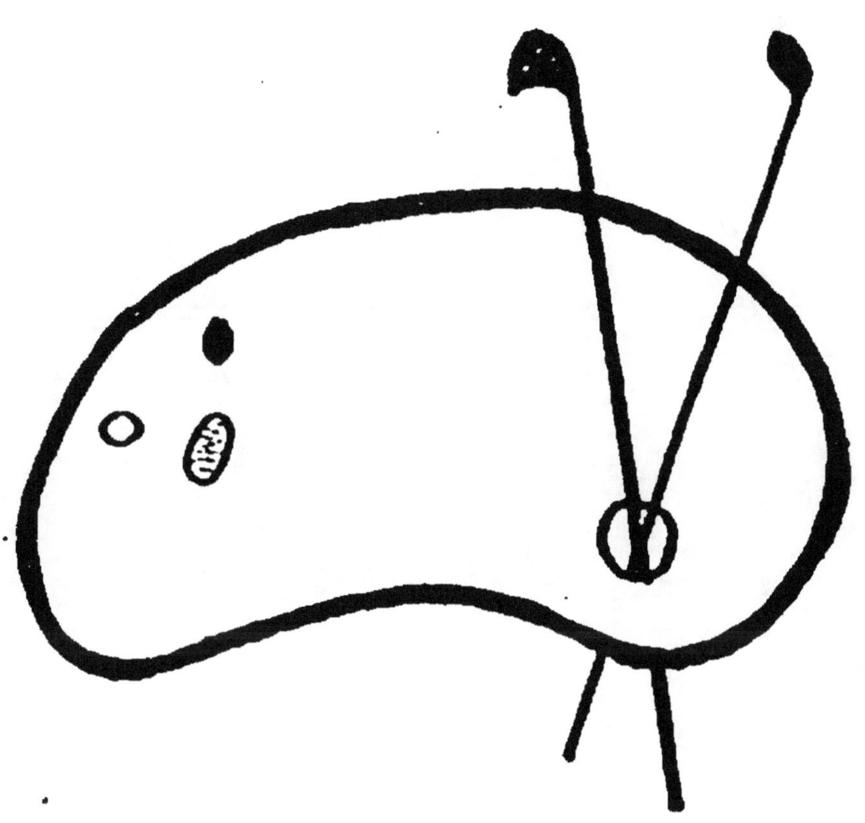

ORIGINAL EN COULEUR
NF Z 43-120-8